Regine Schindler   Starche Gott, Du bisch min Fründ

Regine Schindler

Starche Gott, Du bisch min Fründ

Gebete für kleine und große Kinder
mit Illustrationen von Sita Jucker

 Theologischer Verlag Zürich

CIP-Titelaufnahme der Deutschen Bibliothek

Schindler, Regine
Starche Gott, Du bisch min Fründ: Gebete für kleine u. große Kinder / Regine Schindler.
Mit. Ill. von Sita Jucker. – 3. Aufl. – Zürich: Theologischer Verlag, 1996.
ISBN 3-290-11550-X

Inhalt

Starche Gott, Du bisch min Fründ

Gott, Du bisch starch!

Gott, Du bisch starch!
Zu Dir törf-i cho.
Du hilfsch mir mit Dinere Chraft,
wänn's mir schlächt gaht.
Drum mues-i kei Angscht ha.

Gott, Du bisch starch!
Sogar, wänn de Bode sich bewegt,
wänn ganzi Berg aafanged rutsche
und faled is Meer,
und wänn's dänn risigi Wäle git,
so höch wie Hüüser –
ich mues kei Angscht ha!
Du hilfsch mir mit Dinere Chraft.

Gott, Du bisch starch!
Du bisch wie-n-e Burg.
Die staht ufeme feschte Felsebode.
Drum bin-i sicher bi Dir.
Zu Dir törf ich immer cho.
Du hilfsch mir mit Dinere Chraft.

Gott, Du bisch starch!
Starche Gott, Du bisch min Fründ.

(zu Psalm 46)   Amen

9

Gott, los min Fründ, ich rede mit Dir!
Ich weiß es: Du chasch mich verstah.
Gott, los min Fründ, chumm doch zu mir!
Mach, das ich gspüre: Du bisch da.
Dänn gaht's mir guet.
Gott, gib mir Muet!

Amen

Gott, bis Du um mich

Gott, bis Du um mich – wie-n-es Gwand,
das git mir warm i jedem Land.
Es Gwand gäge de Wind
  – so bin ich Diis Chind.

Gott, bis Du um mich – wie-n-es Huus,
deete gan-ich ii und uus.
Es Huus wie-n-es Schloß
  – bi Dir bin ich groß.

Gott, bis Du um mich,
ich bitte Dich!

                              Amen

Gott, lueg deet die Sunestrahle
– niemert von eus chönnt das male.
Wasser, Erde, Wind und Füür,
guet, das ich das gsehn und gspür.

Gott, lueg deet de farbig Stei,
lueg d'Muus mit irne gschnälle Bei,
lueg, säb chlii Blüemli vor de Tür.
Guet, das ich das gsehn und gspür.

Gott, lueg mini Mueter lacht.
Ich freu mi – doch ich has nöd gmacht.
Au s'Lache, Gott, das chunt vo Dir.
Tanke, das ich's gsehn und gspür.

Amen

Herr, chumm Du bitte zu-n-eus Chinde,
las mich nöd elei.
Herr, min Gott, ich möcht Dich finde.
Bi Dir bin ich dihei.

Amen

Was isch das: Gott?

Mama, säg mir, ich wott, ich wott
äntli wüsse, was isch das: Gott?
Isch das en Geischt, e Pflanze, es Tier?
Isch's ächt en König und spilt er Klavier?

Das wär glatt!

Mama, säg mir, ich wott, ich wott
äntli wüsse, wie redt dänn de Gott?
Redt dee nur i dene Bibel-Gschichte?
Tuet er nie im Fernseh prichte?

Das wär's Zäni!

Mama, säg mir, ich wott, ich wott
äntli wüsse, wo wont dänn de Gott?
Hät er es Huus und en Garte mit Tane
und drin e goldigi Gottesbadwane?

Das wär läßig!

Mama, säg mir, ich wott, ich wott
äntli wüsse, was macht dänn de Gott?
Macht er Fride, macht dä würkli Brot?
Mängi Lüüt säged, er seig tod!

Am Abig

Ich rede, liebe Gott, mit Dir.
Ich bätte: Bis du doch bi mir.

Jetz wird's tunkel uf der Erde.
D'Schatte tüend scho lenger werde.
Fiischter wird's, s'isch schwarz im Garte.
D'Nacht isch da, jetz mues-i warte.
Ich warte – dänn isch d'Sune da.
Mach bitte, das ich schlafe cha
und morn bim Liecht cha gsund uufstah!

Ich rede, liebe Gott, mit Dir.
Ich bätte: Bis Du doch bi mir.

Amen

Ich bruuche Dich, Gott!

Gott, ich möcht Dich chöne aalange,
ich möcht Dich chöne aaluege,
ich möcht Dini Stimm ghöre!
Aber das chamer nöd!
Bis gliich bi mir.

Du bisch wie-n-e Mueter,
wo-n-ires Chind streichlet,
au wänn's hässig isch.
Du bisch wie-n-en Vater,
wo-n-a sis Chind tänkt,
au wänn's i de Schuel isch.
Du bisch wie-n-e warmi Tecki im Winter.
Du bisch wie-n-en chüele Wind im Summer.
Du bisch wie-n-e Quäll i de Wüeschti.
Ich bruuche Dich, Gott!

Amen

Drü Tischgebät

Mir händ z'Ässe, mir händ Brot,
mir sind satt und riich.
Euses beschti Brot isch Gott.
Gott, mir bruuched Dich!

                                    Amen

Liebe Gott, mir wänd Dir tanke.
Mir händ Chäs und Brot und Anke.
Jedes hät sin Platz am Tisch.
Hilf dem, wo-n-jetz eleige-n-isch!

                                    Amen

Mir händ so vili gueti Sache.
Andri händ Hunger, Turscht.
Was chömmir gäg dee Hunger mache?
Er isch eus mängmal eifach Wurscht.
Jetzt bitted mir für ali Arme.
Gott, si bruuched Diis Verbarme.

                                    Amen

Ich verzele Dir vo mir, min Gott!

Ich schlafe-n-ii

Min Tag isch verbii.
Schön isch er gsii.
Große Gott, Du häsch das gmacht.
Ich ha's guet gha, ich ha glacht.
Ich käne vili liebi Lüüt.
Jetz schlaf ich ii – suscht wott-i nüüt.
Tanke, min Gott!

Amen

D'Sune chunt,
am Waldrand isch no ganz e bitzli Schnee,
bald hät's vom Winter gar nüüt meh.
Isch das öppis Bsunders?

D'Sune chunt,
d'Erde-n-isch warm, ich lange si a.
Si schmöckt so guet, ich bliibe stah.
Isch das öppis Bsunders?

D'Sune chunt,
de Wald leit sich a, e grüens Tüpfligwand.
Ganz langsam chunt 's neu Läbe-n-is Land.
Isch das öppis Bsunders?

Fürs Gwöhnliche tank ich Dir, große Gott.
's Gwöhnlich isch groß und au ganz chlii.
Du bisch nöd nur en Gott für d'Not.
De Früelig chunt, ich bin au debii!
Tanke, min Gott.

                                        Amen

Geburtstag

Hüt isch miin Tag – de Geburtstag!
Hüt bin ich emaal d'Hauptperson.
Hüt lüütet für mich 's Telifon.
Hüt git's öppis Guets zum Ässe.
D'Mama hät das nöd vergässe.
Ich bin älter um es Jahr.
Und i freu mi – das isch klar.
Hüt isch miin Tag – de Geburtstag!

Hüt isch miin Tag – de Geburtstag!
Große Gott, weisch Du das au?
Kännsch Du eus ali so genau?
Kännsch Du würkli ali Chind,
Ali wo-n-uf Erde sind?
Weisch Du, was s'mached, was si tänked,
was s'sich zum Geburtstag schänked?
Hüt isch miin Tag – de Geburtstag!

Hüt isch miin Tag – de Geburtstag!
Chumm ine, Gott, das ich Dich gspür.
Chumm ine dur en unsichtbari Tür!
Bliib da, au wänn ich Dich nöd gseh.
Morn isch kän Geburtstag meh!
Doch Gottes-Tag isch hüt und morn und geschter.
Chumm, heb mi Gott, heb Du mi immer feschter.
Au a miim Tag – em Geburtstag!

Amen

Elei i de Ferie

Liebe Gott,
ich bin jetz nöd dihei.
Du weisch es,
und ich bin e chli elei.
Am Abig han-ich d'Mama nöd.
Das find-i ganz e bitzli blöd.
Si tänkt a mich,
das find ich guet.
Ich tänke-n-a sii,
das macht eus beidne Muet.
Zum Glück isch au en Fründ bi mir,
Gott, ich tanke Dir defür.
Und ich han andri Lüüt zum Luschtig-Sii.
Du min Gott, Du bisch debii.
Das isch d'Hauptsach.
Guet Nacht, liebe Gott!

Amen

Ich möcht lieb sii

Gott, ich will ja lieb sii und au nett:
Liislig, gstrählti Haar und gwäschni Händ.
Ich göisse nöd, ich male nöd a d'Wänd.
Doch mängmal möchti mache, was *ich* wett.

Gott, ich will ja fliissig sii und Ornig ha,
für d'Mueter poschte, für de Lehrer schriibe,
zum Uufzgi mache dine bliibe.
Doch mängmal möcht-i ales lige la.

Gott, Du gsehsch ja, was di Große wänd,
die wo mir e chli uf d'Nerve gänd.
's isch mängmal schwer und ich bi nur es Chind.
Mach, das di Große mit mir zfride sind.
Au wänn's mir stinkt, wänn ich nöd wott.
Vergiß mi nöd, min liebe Gott.

Amen

Ich find, ich bi so blöd

Ich find – ich bi so blöd,
ich gfale den andere nöd,
niemert hät mich gern.
Und Gott, Du bisch so fern!

Zeig mir en anders Chind,
wo seit: bis du min Fründ!
Wo seit: chumm mit mir hei!
Ich säg: bisch au elei?

So chehrt sich alles um.
Ich find' mich nüme tumm.
Dänn hät mich öppert gern.
Und Du, Gott, Du bisch nüme fern!

                              Amen

Ich han e großi Wuet

Ich rüefe: Lönd mi doch i Rue!
Ich stampfe, ich schlaa d'Türe zue.
Ich bi verruckt – mir gaht's nöd guet,
i mir ine-n-isch e Wuet.
Was i wott, törf ich nöd ha
und ich chrä di anderen aa.

Jetz tänk-i nah, jetzt bin-i still,
vilicht wott-i halt immer z'vil.
Gott, nimm die Wuet, si isch nöd guet.
Wie-n-es Pack bring ich die Wuet.
Gott, hilf Du mir zfride sii!
Mach Du mini Wuet ganz chlii!

Amen

Gott, Du häsch ales gmacht,
Sune, Mond, Tag und Nacht.
Liecht und Tunkel, Warm und Chalt,
d'Tier im Wasser, d'Bäum im Wald.
Und au d'Mäntsche häsch Du gmacht,
au mich, es Chind, wo redt und lacht.
Ich tanke Dir für die groß Pracht!

Amen

So bisch Du, Gott!

Gebät us de Bible

En Hirt cha zabig nöd go schlafe,
wänn im eis fehlt vo sine Schafe.
Er rüeft, er suecht's und er treit's hei.
Kä einzigs laat de Hirt elei!

So bisch Du, Gott, Du gahsch mir nah.
Du wottsch, das niemert Angscht mues ha.
Du häsch mich gern, Du luegsch zu mir.
Gott, min Hirt, ich tanke Dir!

Amen

Bi Dir chame guet wone!

Bi Dir chame guet wone, min Gott!
Ich möcht zu Dir ghöre,
mit mim Herz, mim Chopf, mim Buuch
und mine Beine.
De Spatz hät e guets Plätzli gfunde
underem Tach,
de Spatz, de isch froh.
Und d'Schwalbe hät's schön i-n-irem Näscht.
Si hät gnueg Platz für iri Junge.
Au mir händ's schön:
Mir chönd i Diim Huus wone, Gott!
Bi Dir hämmer's guet und warm.
Mach, das mer das nöd vergässed!

(zu Psalm 84)   Amen

De Jona

«Jona, gang nach Ninive!
Zu dene böse Lüüt!
Jona, tue di zämeneh!»
– «Nei, ich mache nüt!»

De Jona, dee schlaft tüüf im Boot.
Er fahrt vor Gott devo.
Gott schickt das Schiff i Sturm und Not.
– «Jona, füre cho!»

«Los, främde Maa, de Sturm isch schwer!
Säg du, was müemer tue?»
«Rüered mich is tüüfi Meer –
dänn gänd die Wäle Rue!»

Still wird 's Meer, furt isch die Wuet.
Gott schickt en Walfisch uus.
Im Walfisch hät's de Jona guet.
Wie ime chliine Huus.

Drei Tag sitzt er im Buuch, im große;
drei Nächt redt er mit Gott:
«Gott, tue mi bitte nöd verstoße –
Ich mach' jetz, was Gott wott!»

De Walfisch spöizt de Jona uus.
De Jona flüügt an Strand.
De Jona gaht vo Huus zu Huus.
Er prediget im Land.

33

Pfingschte

Du chunsch wie-n-en Wind.
Du chunsch,
wie-n-en Sturm so gschwind.
Du chunsch, du blasisch dur ali Wänd.
Främdi Lüüt gänd sich plötzli d'Händ.
Du chunsch und bringsch eus ali zäme.
Wind-Gott Du – ich wett Dich besser käne!

Dis Volk füersch Du us großer Not
durs Meer mit Dim Wind.
En lange Wäg durs Wüeschteland.
Si händ Turscht und Hunger,
mängmal kä Brot.
Du gisch ene d'Hand.
Si wüssed: Si sind Dini Chind.
Du – Du chunsch als Geischt,
Du chunsch als Wind.

Wind-Gott, Geischt seit me Dir!
Du machsch mich andersch,
Du machsch mi neu.
Du gisch mir Chraft,
ich wirde starch wie-n-en Leu.
Und i freu mi: Ich bi nöd elei.
Du chunsch wie-n-en Wind

Du chunsch au zu de Chind.
Du chunsch zu *allne* Lüüt.

So isch's a de Pfingschte.
Mir freued is hüt!!

's neu Läbe

Us de Raupe git's en glänzig-schöne Falter.
Us em chliine Same git's e großi Pflanze.
So gaht's nach em Tod und nach em Alter.
Ich glaub, di Chranke tüend dänn tanze.
Ich glaub, di Lahme, die tüend springe,
und di Stumme chönd dänn singe.
Für ali Schwache git's en anders Gwand
im neue Läbe.
Gott, Du nimmsch eus a de Hand.

Amen

Du kännsch mich, Gott!

Wänn ich sitze-n-oder stah,
Gott, Du weisch es!
Du weisch ales, wo-n-ich tänke
scho vo wiitem.
Wänn ich laufe, wänn ich ligge,
Du weisch es!
Du kännsch ali mini Wäg.
Jedes Wort vo minere Zunge kännsch Du.
Du hebsch mi hinen und vorne.
Du häsch Dini Hand uf mich gleit.

Wo ane chönnt ich fahre,
wänn ich vor Dir wett devolaufe?
Wänn ich in Himel ue flüüge,
bisch Du deete.
Und wiit usse uf em Meer,
Wo me käs Schiff meh gseht,
au deet wärsch Du bi mir
und würdisch mich hebe mit
Dinere Hand,
das ich nöd cha vertrinke.
Und au i de Nacht, im Tunkle
würdisch Du mich finde.
Du machsch 's Tunkel hell.
Nie bin ich elei, min Gott!

(zu Psalm 139)   Amen

Gsehsch du die Not?

D'Wält isch früntli, d'Wält isch schön.
D'Wält, die lachet mi a.
D'Wält isch vole Grüch und Tön.
Min Gott – bisch Du da?

D'Wält isch gfürchig, d'Wält isch wiit.
Ich cha si nöd verstah.
D'Wält isch volen Angscht und Striit.
Min Gott – bisch Du da?

I dere Wält, i eusem Huus,
min Gott, i möcht Dich ha!
Ohni Dich chum ich nöd druus.
Min Gott – wie bisch Du da?

                                                           Amen

Zum Fride mache bruucht's au mich

Ich ha-n-Angscht vor em Chrieg!

Ich möcht de Fride für jedes Land.
Chönd d'Lüüt nöd rede mitenand?
Ich möcht de Friden uf de ganzen Erde.
Gott, cha das gar nie andersch werde?

Ich ha-n-Angscht vor em Chrieg!

Uf eusrer Wält isch's gföhrli zum Wone.
Es git Bombe und Kanone.
Mängmal wänd zwei 's gliich Stückli Land,
und scho hät eine-n-es Gwehr i de Hand.
Mäntsche tüend schüße, zerstöre, haue.
Statt Hüüser tüend's Ragete baue.

Ich ha-n-Angscht vor em Chrieg!

Zum Fride mache bruucht's au mich!
's bruucht ali Mäntsche, arm und riich.
's bruucht ali Mäntsche, groß und chlii.
Bim Fride sind würkli ali debii.
Gott, hilf eus rede mitenand,
mitenand – und mit Dir a de Hand.

Amen

Gott, gsehsch Du die Lüüt, die alte?
Si chönd ein nöd so guet verstah!
Si sind truurig, si händ Falte.
Si fröged: Wie söll's wiitergah?
Si müend vil eleige sii
und si sötted öppert käne,
wo für si würd umeräne.
Und ich, ich weiß nöd, bin i z'chlii?
Chumm, große Gott, bis Du debii!

Amen

Es git Riichi und Armi uf de Wält.
Gsehsch Du die Not?
Vili reded nu vom Gält.
Ghörsch Du das, Gott?

Und vili sind arm.
Si händ nüüt z'Ässe.
Si händ nöd emal warm.
Häsch Du si vergässe?

Ich möcht hälfe, min Gott,
ich möcht öppis tue.
Ich losen und luege,
mache d'Auge nöd zue.
Ich möcht hälfe, min Gott,
zeig mir doch wo!
Ich möcht hälfe, min Gott,
und Du söttisch cho!

Amen

Mir sind imene Schiff

Wie imene Schiff simmir ali zäme
– ali Mäntsche vo der Erde,
mit vilne Sprache, mit vilne Näme…
Was söl us eus no werde?
Mir händ Angscht,
mir ghöred en gföhrliche Wind.
Mir wüssed nüme rächt, wo mer sind.

Wo fahrt's ächt ane – wo chöme-mer hii?
De Platz isch äng – das Schiff isch z'chlii
für so vil Mäntsche – e winzigs Boot.
Mer striited, mer briegged – das isch e Not!
En guete Kapitän – das sötted mer ha,
Diich, min Gott! Bisch du würkli da?
Mir händ Angscht,
mer ghöred en gföhrliche Wind.
Diich bruuched mer, Gott!
Chumm, hilf Dine Chind!

Amen

Ich bitte, Gott, lueg uf die Chind:
die, wo so-n-eleige sind.
Si spiled und si lached nöd.
Die andere finded: die sind blöd!
Mach eus zu Fründ, dänn werded's froh.
Gott, Du liebe, Du söttsch choo!

Ich bitte, Gott, lueg uf die Lüüt,
wo Hunger händ und suscht händ's nüüt.
Si woned imene ferne Land.
Si händ kei Brot, si händ käs Gwand.
Las eus Riichi hälfen und teile.
Gott, Du starche, Du chasch heile.

Ich bitte, Gott, lueg uf di Alte, Schwache,
wo nüme-n-ales chöned mache.
Si ghöred oder gsehnd nöd guet.
Si sind so müed und händ kä Muet.
Mir wänd si streichle, früntli sii.
Gott, Du guete, bis debii!

Amen

Di alt Frau Pfister

Di alt Frau Pfister wont bi-n-eus um de Rank,
deet sitzt si öppe-n-uf em Bank.
«Wer bisch du?» fröget si jede Tag.
Und ich sägen immer 's gliich bi dere Frag.
Sit sibe Jahr.

Di alt Frau Pfister rüeft: «Ich bin eso elei!
Ich möcht über de Berg, ich möcht zur Mueter hei!
Mueter, ich möcht zu dir, gib mer doch Brot!»
Doch iri Mueter isch scho ganz lang tod.
Sit föifezwänzg Jahr!

Di alt Frau Pfister han ich geschter gseh,
i de Finke, mit der Heugable, im tüüfe Schnee.
Si süüfzget: «Ich finde hüt ekei Heu.»
Und d'Tochter rüeft: «Dini Finke sind neu,
erscht zwo Wuchen alt!»

Di alt Frau Pfister lauft mängmal devoo,
bis in Wald und wott nüme-n-umechoo.
Me mues si sueche wie-n-es Chind.
Und d'Lüüt säged eifach: «Die spinnt,
sit si achzgi isch.»

Di alt Frau Pfister sitzt uf em Bank.
Ich weiss, si isch alt und im Chopf e chli chrank.
Wie alt mues di alt Frau Pfister ächt werde?
Wär's besser, wänn si chönnti sterbe?
Ich han Angscht!

Hilf doch, min Gott, hilf allne-n-Alte!
Tue si hebe, tue si bi Dir bhalte.
Heb si fescht in irer Not!
Hilf im Läbe, hilf bim Tod!
Bi Dir sind ali froh und gsund!

Amen

So schlächt gaht's mir!

Gott, mir gaht's schlächt.
's Wasser chunt mir bis zum Chüni ufe.
Under mine Füeßen isch Schlamm.
Ich cha nüme stah.
Ich ha-n-Angscht vor em Vertrinke.
Ich rüefe –
Mis Muul isch vom Rüefe scho uuströchnet.
Ich mag nüme.
So schlächt gaht's mir!

Hilf Du mir, Gott,
das ich im Schlamm nöd versinke!
Hilf Du mir, Gott,
das ich im Wasser nöd vertrinke!
Los, min Gott, lueg Du mich a,
mach das ich wider fescht cha stah!
Mit Dir, min Gott, chas wiiter gah.

(zu Psalm 69)

Jesus, chumm, dänn simmir froh

Was bisch Du für en König?

Säg, was bisch Du für en König,
imene Stall, em Hirt sin Gascht?
Warum häsch Du eso wenig?
Säg, wo isch dänn Din Palascht?

Säg, was bisch Du für en Ma?
Du laufsch wiit durs ganzi Land.
Gahsch den arme Chranke na.
Wo isch dänn Dis Königsgwand?

Säg, bruuchsch Du käs Schwert, kei Gält?
König, Du bisch gar nöd riich.
Du hilfsch gliich de ganze Wält.
König, lueg, ich warten uf Dich!

Amen

Jesus, Diin Geburtstag!

Jesus, chumm, dänn simmir froh.
Lueg, susch simmir nüüt,
zu de Hirte bisch Du cho,
zu den ärmschte Lüüt.

Jesus, chumm, dänn simmir froh.
Chumm, mir händ Dich gern.
Drei König sind vo wiit her cho,
mit em große Stern.

Jesus, chumm, dänn simmir froh,
mir tüend singe, schänke.
Diin Geburtstag isch hüt cho.
Mir wänd a Diich tänke!

Amen

Am Teich Bethesda

Am Teich Bethesda liit en Ma,
er isch chrank, er isch elei.
Er hät niemert, wo-n-em hälfe cha.
Er isch scho fascht am Teich dihei.

Er rüeft:
«Ich möcht gern stah, ich möcht gern laufe!
Ich möcht emal go öppis chaufe
i de Stadt Jerusalem.»
Und da lueged: Grad zu dem
chunt en Främde und bliibt stah.
«Säg, min Fründ, was wottsch du ha?»
«Mir sind doch alles chranki Lüüt!
Mach mi gsund, suscht wotti nüüt!»

Da seit de Främd: «Lupf dini Bei.
Stand uuf, stand uf die Pflaschterstei.
Lauf und träg dis Bett jetz hei.»

Langsam macht er Schritt für Schritt.
Lueg, die Bei die chömed mit.
Lueg, er gumpet und er springt.
Und er lachet und er singt.
Und er rüeft: «Wo bisch du, Ma?
Losed, isch dee nüme da?
Dee, wo Chranki heile cha?
Ich wott zu-n-im, ich lauf em nah!»

Er suecht dee Ma i ganz Jerusalem.
Er findt en äntli und er lacht:
«Du bisch dee, wo Gsundi macht!
Ich bliibe bi dir, ich folge dir nah.
Jesus heißisch, starche Ma.»

Au ich möcht zu dem Jesus ga,
Jesus, Du, lueg, ich bi da!

Amen

Diin Wäg, Jesus!

Uf emen Esel bisch Du gritte,
König, Jesus, arme Ma.
Bisch es Chindli i der Hütte.
Nöd emal es Bett häsch gha.
Mit Stroh tuet Dich d'Maria tecke.

Der Ängel seit: «Tüend nöd verschrecke!»

Uf emen Esel bisch Du gritte,
Jesus, ohni Königs-Chleid.
Das isch gsii in alte Ziite.
Palmzwiig händ's an Bode gleit.
D'Mäntsche winked, si sind froh.

Der Ängel seit: «De Herr isch cho.»

Uf emen Esel bisch Du gsässe,
König vo der ganzen Erde.
Du häsch d'Mäntsche nöd vergässe,
Jesus, uf Dim Wäg zum Sterbe.
Du machsch euses Läbe neu.

Der Ängel seit: «Drum freued eu!»

Gethsemane

I de letschte Nacht vo Dim Läbe
bisch Du mit Dine Fründe-n-in en Garte ggange.
Und deet händ's Dich gfange
– die Mane, mit Schwerter und Stange.
Jesus, ich cha das nöd verstah!

I de letschte Nacht vo Dim Läbe
häsch Du gseit: «Ich bliiben i dem Garte.
Ihr liebe Fründ, tüend mit mir warte,
tüend mit mir bätte, schlafed nöd ii.»
Du häsch Angscht gha, Du bisch eleige gsii.
Dini Fründ sind fescht iigschlafe.

I de letschte Nacht vo Dim Läbe
häsch Du vom Judas en Chuss übercho.
Dänn händ Dich die Mane gfange gno,
und Dini Fründ sind furt i d'Nacht.
In Palascht von Prieschtere händ's Dich praacht.
Jesus säg, werum händ die das gmacht?
Ich cha das nöd verstah.

Jesus,
Du lasch di Tote nöd elei.
Ich weiss, si chömed nüme zrugg.
Aber si sind bi Dir dihei.
Si gönd mit Dir über e-n-unsichtbari Brugg.
Über e Brugg, wo niemert cha gseh.
Und änedra tuet nüüt me weh.

Jesus,
es isch so schön uf deren Erde.
Ich cha lache, singe, ässe.
Und ich tänk nöd gern as Sterbe.
Gott, ich möcht Dich nöd vergässe.
Lueg, mini Hand, Du chasch si neh,
für jetz uf dere-n-Erde
und über die Brugg, wo niemert cha gseh.

Amen

Jesus, mir ghöred zäme, mir sind binenand.
Chömed, mir gänd eus ali d'Hand.
Mir hebed is fescht, mer lönd nöd los.
En wiite Chreis vo Chlii und Gross.

Und Du, euse Gott, bisch zmitts im Chreis.
Jetzt chömmer tanze, es fehlt ekeis.
En Tanz mit Dir, Du machsch eus froh.
Gott, mir tanked, Du bisch cho.

Amen

Jesus, Du bisch zu den Ärmschte ggange,
zu allne, wo Angscht händ, wo tüend plange.
Mit Gott chönd er rede, häsch Du gseit,
mit em himmlische Vater, wo-n-eu treit.

Bätted zum Vater – er hät eu gern.
Gott wartet uf eu mit offene-n-Ärm.
Bätted zum Vater – er isch parat,
min Vater, won käs eleige laht.

Jesus, das häsch Du gseit!

Unser Vater

Unser Vater im Himmel Gott, Du kännsch eus ali,
Mir gsehnd Dich nöd.
Aber Du sorgisch für eus,
wie-n-en guete Vater.
Du bisch wie-n-e ganz
liebi Mueter.
Bi Dir simmiir diheim.
Mir tanked Dir!

Geheiligt werde Euse Vater, mir wänd gueti Sache vo Dir
Dein Name verzele.
Du häsch ja die ganz Wält gmacht.
De Jesus hät eus vo Dir verzellt und vo
Diim Riich. Mir tanked Dir.

Dein Reich komme Euse Vater, ali Mäntsche händ Platz i Diim Huus.
Es Huus, so groß wie di ganz Wält.
Las eus a Diim Huus boue. Das isch Diis Riich.
Du seisch: Chömed doch zu mir!
De Jesus nimmt eus mit uf de Wäg,
i Diis Riich. Mir tanked Dir!

Dein Wille geschehe Euse Vater, hilf is ales verstah, wo mit eus
wie im Himmel, passiert.
so auf Erden Mir Mäntsche wänd immer ganz anderi Sache.
Aber was Du wotsch, isch guet für eus.
Mir tanked Dir!

Unser tägliches Brot gib uns heute	Gib eus bitte das, wo mir jede Tag zum Läbe bruuched: Gib eus z'Ässe und z'Trinke, gib eus Fründ, Gib eus Gsundheit und Wärmi, gib eus Fride. Bitte gib das allne Mäntschen uf der Erde.
Und vergib uns unsere Schuld	Mir tänked fascht nur an eus sälber; mir wänd ales für eus eleige ha. Das isch nöd guet. Hör gliich nöd uf, eus gern z'ha.
Wie auch wir vergeben unsern Schuldigern	Hilf eus a di andere tänke. Mach, das mer s' gern händ, au wänn's eus plaged.
Und führe uns nicht in Versuchung	Mach, das mer Dich nöd vergässed.
Sondern erlöse uns von dem Bösen	Mach, das eus 's Bös kei Angscht macht: Hunger, Chranket, Striit und Chrieg. Mach, daß das ufhört!
Denn Dein ist das Reich und die Kraft und die Herrlichkeit in Ewigkeit	Du bisch stärcher. Du chasch hälfe. Du, euse Vater im Himel!

Amen

Nachwort

Vor dem Einschlafen ziehen Eltern für ihre Kinder die Decke glatt; sie fragen, ob die Zähne geputzt sind; sie geben dem Kind ein Stofftier in die Hand und einen Kuß auf die Backe. Und häufig – irgendwann zwischen dem Zudecken und dem Kuß – möchten sie mit dem Kind beten. Vielleicht haben sie das Gebet als guten Brauch von ihrer eigenen Kindheit in Erinnerung. Vielleicht erinnern sie sich an ihr Taufversprechen, mit dem sie zugesagt haben, die Kinder zu Gott zu führen. Vielleicht ist das Beten mit dem Kind ein ganz tiefes Bedürfnis, nicht nur gerade abends – auch vor dem Essen, auch in der Sonntagsschule oder in einer anderen Kindergruppe.

Oft aber spüren wir Erwachsenen unsere eigene Unfähigkeit beim Beten mit Kindern – ich habe dies selbst erfahren. Wir greifen vorerst phantasielos auf Texte aus der eigenen Kindheit zurück und entdecken vielleicht, daß wir zu ihrem Inhalt nicht mehr stehen können. Wir sprechen mit dem Kind ein freies Gebet oder regen das Kind selbst zum freien Beten an: ein sehr richtiger, wohl der beste Weg – aber auch hier stößt man an Grenzen. Immer wieder muß man Hemmungen überwinden; man ist selbst zu müde oder zu unsicher, um dem Kind neue Wege zum Beten zu zeigen. Man flüchtet sich dann in immer gleiche Formeln, man läßt das Beten vielleicht einfach bleiben, oder man läßt das Kind seine Wünsche daherreden. – Und plötzlich ist das Kind größer; wir meinen, oder das Kind meint, es sei zu groß, um mit uns zu beten. Wir haben ein ungutes Gefühl. Wir fragen uns: Hat das Kind im Gebet Erfahrungen mit Gott gemacht? Ist es Gott begegnet, hat es gespürt, daß Gott uns begleitet, daß er während des ganzen Lebens unser Freund sein will?

Als Hilfe in der kurz geschilderten Not habe ich angefangen, für unsere eigenen, auch für andere Kinder und ihre Eltern, aber auch für die Sonntagsschule Gebete zu schreiben, Gebete, die eine feste Form haben. Es sind Texte, an denen ich meist nachts an meinem Schreibtisch «gefeilt» habe – angeregt, bewegt durch die abendlichen Fragen der Kinder und meine eigenen Fragen. Einerseits sind es also «Schreibtischgebete», wohlüberlegte Texte, wie ich sie spontan nicht erfinden könnte. Sie sind aber aus ganz bestimmten Erfahrungen herausgewachsen, und sie möchten dem Kind zu eigenen Erfahrungen verhelfen: Zum Entdecken der eigenen Sprache, zum Entdecken eigener Freuden und Nöte, zum Entdecken, daß Gott damit zu tun hat, immer wieder neu. – Gerade im Gebet lernt das Kind diesen Gott besser kennen; es redet ihn nicht nur mit «Du» an – es nennt ihn «Vater», «Herr», einen «guten Hirten», oder es begegnet ihm in Jesus; es erzählt von Gott und seinem Wirken, wie es in der Bibel berichtet wird. So ist in den Gebeten beides drin, beides verwoben: Das Kind mit seinen kleinen und großen Anliegen – und Gott, den man anreden darf und der jedes Kind hineinnimmt in *seine* Geschichte, in sein Wirken.

Das Gebet des Kindes oder auch das des Erwachsenen wird zu einer Bewegung, einer Bewegung auf Gott zu, auch einer Bewegung des Sich-Öffnens für Gott. Ich glaube, daß eine geformte, rhythmische, auch eine weitgehend gereimte Sprache dem Kind hilft, diese Bewegung zu erfassen, mitzumachen und auch dann nachzuvollziehen, wenn es allein ist und ohne erwachsene Hilfe beten soll. Vielleicht greift es dann zu einem Text, den es schon kennt – möglicherweise sind einzelne Verse oder nur einzelne Zeilen in ihm haften geblieben und regen zum Weiterbeten an. Es sind also durchaus offene Texte, die man verwandeln, erweitern, abkürzen oder einfach als Anregung für ein freies Gebet benützen kann. Es sind aber auch feste wohlüberlegte Formen, an denen sich das Kind (vielleicht zusammen mit seinen Eltern) halten kann in seiner Unsicherheit; Formen, in die es schlüpfen kann wie in ein Häuschen; Formen, in denen sich das Kind daheim, «zu Hause» fühlt – Formen, die Freude machen.

Betrachte ich alte Schriften zur religiösen Erziehung, so ist da immer wieder von «Zucht», von Frommsein die Rede – Freude ist etwas, was allenfalls fürs Jenseits versprochen wird. Mir ist es aber wichtig, daß Kinder gerade im Gebet Freude erleben, auch Gefallen haben an der sprachlichen

Form. Beten, ja Religion überhaupt, schließt auch den Humor keineswegs aus. In jedem Fall aber möchte ich im Gebet kein Erziehungsmittel sehen, sondern eine positive Möglichkeit, Gott näherzukommen.

Im Hinblick auf den Inhalt der Gebete ist es nötig, daß sie, auch wenn sie für ein bestimmtes Kind in einer bestimmten Situation entstanden sind, nicht zu speziell sind, so daß auch ein anderes Kind sich selbst darin wiederfinden kann. Anderseits mußte ich bei all diesen Gebeten den Mut zu einer gewissen Einseitigkeit haben: Nicht in jedem Gebet können *alle* Probleme vorkommen – denn gerade von einem einzelnen Problem aus kann das Kind immer wieder neu den Schritt zum Gesamten oder Grundsätzlichen machen, den Schritt hinein in die Bewegung zu Gott hin. In dieser Bewegung aber werden Erfahrungen möglich, die für mich im Mittelpunkt der religiösen Erziehung stehen. Ich möchte sie in den folgenden Feststellungen zum Kindergebet zusammenfassen:

– Das Kind lernt Gott kennen als Begleiter. Es lernt ihn anreden als Freund, den wir brauchen.

– Das Kind erfährt, daß man an diesen Gott nicht nur denken und mit ihm reden kann; denken wird zu *danken* und bringt so die guten Seiten unserer Welt mit ihm in Verbindung. Vielleicht lernt das Kind gerade im Gebet das Schöne sehen und darüber staunen. Es merkt: Das alles ist nicht selbstverständlich.

– Das Kind spürt, daß sich Gott auch für seine kleinen Probleme interessiert – es lernt, gerade vor Gott diese Probleme in Sprache zu fassen.

– Das Kind lernt andere Menschen, die Gott begegnet sind, kennen – Menschen, deren Geschichte in der Bibel aufgeschrieben ist, Menschen, deren Weg für unsern persönlichen Weg mit Gott hilfreich wird.

– Das Kind bringt Gott nicht einfach einen Wunschzettel, der abgehakt werden soll. Es überläßt Gott, *wie* er seine Bitte erfüllen will.

– Kinder können schon früh für andere Menschen bitten lernen und die Not anderer Menschen vor Gott bringen. Das Gebet ist darum schon beim kleinen Kind eine wichtige Gelegenheit, nicht nur um die eigenen Probleme zu kreisen, sondern bewußt hinauszutreten auf den andern Menschen zu, besorgt um ihn. Die Bewegung auf Gott zu wäre egoistisch, wäre allem Wirken des Jesus von Nazareth entgegengesetzt, ohne die Bewegung auf den andern Menschen zu. Es ist eine Bewegung, für die das Wort «Liebe» heute vielleicht zu verbraucht ist – eine Bewegung, die Kinder gerade auch im Gebet kennenlernen müssen.

— Das Kind spürt, daß weder seine Bitte noch die Fürbitte ein Abschieben von Verantwortung bedeuten kann. Beten befreit nicht vom Handeln – sei es für uns selbst, den Mitmenschen oder die ganze Welt. Vom Gebet können darum Impulse ausgehen zu Engagement und Solidarität.

— Gerade im Gebet ist auch das Reden vom Leiden, ist das Leiden selbst aufgehoben. Im Zusammensein mit Gott, in diesem Daheim-Sein, müssen die Grenzen des Lebens nicht «tabu» sein: Alter, Armut, Krieg, Tod – Themen, die Kindern oft Angst machen, über die sie aber nicht zu reden wagen, dürfen zur Sprache kommen.

— Ein christliches Gebet ist für mich nicht denkbar ohne ein Reden von Jesus oder ein Reden zu Jesus: Gerade sein Lebensweg, auf den er Arme, Rechtlose und Kranke mitgenommen hat, auch sein Tod zeigt, daß er mitkommt in alles Leiden und uns auch dort begleitet. Auch das Traurige in der Welt muß fürs Kind nicht zum Beweis gegen Gott werden. Immer wieder wird Jesus erlebbar, als Begleiter, um dessen Gegenwart wir bitten.

— Häufig sind es innere Bilder für Gott, für Jesus, die mit dem Gebet weitergegeben werden, Bilder aus der Bibel, Bilder aus dem Alltag. Daß wir bei Gott wohnen wie in einem Haus, daß er bei uns ist wie ein Hirt, daß er uns wärmt wie ein Mantel… Und daß Jesus König und «Brücke» ist, gleichzeitig aber der reale Mann aus Nazareth. Es wird immer wieder neu, bildhaft, nur in kleinen Stücken eine Annäherung an Gottes Wirklichkeit versucht. Momentweise wird sie greifbar.

— Einzelne Psalmverse eignen sich sehr gut für Kinder. Einige habe ich in dieses Büchlein aufgenommen – es lassen sich andere finden. Vielleicht zeigen gerade die Psalmen einen Weg, auch mit dem größer werdenden Kind weiterzubeten oder ihm etwas mitzugeben. Eine ähnliche Aufgabe wird das «Unser Vater» erfüllen, in das Kinder allmählich hineinwachsen können. Auch Kirchenlieder – gesungen oder gesprochen – können hilfreich sein.

Mit all diesen Gedanken und mit meinen Gebetstexten selbst möchte ich den Kindern ein Stück Lebenshilfe geben. Ich möchte ihnen nicht nur ein Plüschtier in die Arme legen, sondern Wörter in den Kopf, auf ihre Zunge. Und dabei brauche ich unsere Familiensprache, ein normales, alltägliches Zürichdeutsch, wie es sich in unserer Familie als Mutter- und Vatersprache bewährt, auch während langer Abwesenheit von Zürich. Mutter-, Vater-, Alltagssprache, in der auch das Reden mit Gott, die Bewegung zu ihm vielleicht alltäglich-vertraut und dennoch etwas ganz Besonderes im Ablauf eines Tages werden kann.

Meine Kindergebete im Büchlein «Große Gott, singsch Du im Wind?» sind jetzt über zehn Jahre alt. Als sie gedruckt wurden, waren sie die Abendgebete unserer vier jetzt großen Kinder; Benjamin war noch ein Säugling. Später aber hat er alle meine neuen Texte als erster begutachtet, ja bis heute gespannt und dankbar auf sie gewartet, wenn er wußte, daß ich daran arbeitete. Die hier vorliegenden Gebete sind darum auch seine Gebete – nicht nur für ihn geschrieben, sondern mit ihm gebetet. Dafür, daß auch mein Mann als Theologe immer mein oder unser Gesprächspartner bei den Gebeten war, bin ich sehr dankbar. Immer wieder in den letzten Jahren haben mir Wünsche, Zustimmung und Kritik von vielen andern Menschen – meist im Zusammenhang mit Kursen oder Vorträgen – weitergeholfen. Jetzt, beim Fertigstellen dieses Bändchens, möchte ich für all dieses Mitgehen danken. Vor allem aber wünsche ich mir von Herzen, daß die Gebete möglichst viele kleine und große Kinder in jene Bewegung hineinnehmen, zu Gott hin und aufeinander zu.

Regine Schindler
Große Gott – singsch Du im Wind?
64 Seiten mit Illustrationen von Sita Jucker

Ein Gebetsbüchlein für Kinder und ihre Eltern. Diese Gespräche mit Gott wachsen aus der Welt des Kindes, sie vermeiden jedes Pathos. Das längere Nachwort, in dem die Autorin Problematik und Möglichkeit des Betens mit Kindern aufzeigt, gehört zum Hilfreichsten, was auf diesem Gebiet zu lesen ist.

Regine Schindler
Erziehen zur Hoffnung
Ein Elternbuch zur religiösen Erziehung
224 Seiten, gebunden

Ein Leben voller Hoffnung ist für die Autorin ein Leben, in dem man mit Gottes Wirken rechnet. In den verschiedensten Situationen des Alltags fragen Kinder nach ihm. Eltern erhalten durch dieses Buch Anregungen, wie man solchen Fragen begegnen kann und wie man Kinder auf dem Weg zu Gott begleitet.